Pedro Calderón de la Barca

La cena
del rey Baltasar

Edición de Nicolás González Ruiz

Barcelona **2024**
Linkgua-ediciones.com

Créditos

Título original: La cena del rey Baltasar.

© 2024, Red ediciones S.L.

e-mail: info@Linkgua-ediciones.com

Diseño de cubierta: Michel Mallard.

ISBN rústica: 978-84-9816-458-9.
ISBN ebook: 978-84-9953-194-6.

Sumario

Brevísima presentación

La vida

Pedro Calderón de la Barca (Madrid, 1600-Madrid, 1681). España.

Su padre era noble y escribano en el consejo de hacienda del rey. Se educó en el colegio imperial de los jesuitas y más tarde entró en las universidades de Alcalá y Salamanca, aunque no se sabe si llegó a graduarse.

Tuvo una juventud turbulenta. Incluso se le acusa de la Muerte de algunos de sus enemigos. En 1621 se negó a ser sacerdote, y poco después, en 1623, empezó a escribir y estrenar obras de teatro. Escribió más de ciento veinte, otra docena larga en colaboración y alrededor de setenta autos sacramentales. Sus primeros estrenos fueron en corrales.

Lope de Vega elogió sus obras, pero en 1629 dejaron de ser amigos tras un extraño incidente: un hermano de Calderón fue agredido y, éste al perseguir al atacante, entró en un convento donde vivía como monja la hija de Lope. Nadie sabe qué pasó.

Entre 1635 y 1637, Calderón de la Barca fue nombrado caballero de la Orden de Santiago. Por entonces publicó veinticuatro comedias en dos volúmenes y *La vida es sueño* (1636), su obra más célebre.

En la década siguiente vivió en Cataluña y, entre 1640 y 1642, combatió con las tropas castellanas. Sin embargo, su salud se quebrantó y abandonó la vida militar. Entre 1647 y 1649 la Muerte de la reina y después la del príncipe heredero provocaron el cierre de los teatros, por lo que Calderón tuvo que limitarse a escribir autos sacramentales.

Calderón murió mientras trabajaba en una comedia dedicada a la reina María Luisa, mujer de Carlos II el Hechizado. Su hermanó José, hombre pendenciero, fue uno de sus editores más fieles.

Personajes

El Pensamiento
Daniel
Baltasar
La Vanidad
La Idolatría
La Muerte
Una estatua
Acompañamiento

Acto único

(Sale El Pensamiento vestido de loco, de muchos colores, y Daniel tras él, deteniéndole.)

Daniel   Espera.

Pensamiento   ¿Qué he de esperar?

Daniel   Advierte.

Pensamiento   ¿Qué he de advertir?

Daniel   Óyeme.

Pensamiento   No quiero oír.

Daniel   Mira.

Pensamiento   No quiero mirar.

Daniel   ¿Quién respondió de ese modo   5
              nunca a quien le preguntó?

Pensamiento   Yo, que sólo tengo yo
              desahogo para todo.

Daniel   ¿Quién eres?

Pensamiento   Cuando eso ignores
              vengo a ser yo el ofendido;   10
              ¿no te lo dice el vestido
              ajironado a colores?
              ¿Que, como el camaleón,

no se conoce cuál es
la principal causa? Pues   15
oye mi definición.
Yo, de solos atributos
que mi ser inmortal pide,
soy una luz que divide
a los hombres de los brutos.   20
Soy el primero crisol
en que toca la fortuna,
más mudable que la luna
y más ligero que el sol.
No tengo fijo lugar   25
donde morir y nacer,
y ando siempre sin saber
dónde tengo de parar.
La adversa suerte, o la altiva,
siempre a su lado me ve;   30
no hay hombre en quien yo no esté
ni mujer en quien no viva.
Soy en el rey el desvelo
de su reino, y de su estado;
soy en el que es su privado   35
la vigilancia y el celo;
soy en el rico justicia;
la culpa, en el delincuente;
virtud, en el pretendiente,
y en el próvido, malicia;   40
en la dama, la hermosura;
en el galán, el favor;
en el soldado, el valor;
en el tahúr, la ventura;
en el avaro, riqueza;   45
en el mísero, agonía;
en el alegre, alegría;

y en el triste, soy tristeza;
y, en fin, inquieto y violento,
por dondequiera que voy   50
soy todo y nada, pues soy
el humano Pensamiento.
Mira, si bien me describe
variedad tan singular,
pues quien vive sin pensar   55
no puede decir que vive.
Esto es, si en común me fundo,
mas hoy en particular
soy el del rey Baltasar,
que no cabe en todo el mundo.   60
Andar de loco vestido
no es porque a solas lo soy,
sino que en público estoy
a la prudencia rendido.
Pues ningún loco se hallara   65
que más incurable fuera
si ejecutara y dijera
un hombre cuanto pensara;
y así lo parecen pocos,
siéndolo cuantos encuentro,   70
porque vistos hacia dentro,
todos somos locos:
los unos y los otros.
Y, en fin, siendo loco yo,
no me he querido parar   75
a hablarte a ti, por mirar
que no es compatible, no,
que estemos juntos los dos,
que será una lid cruel,
porque si tú eres Daniel,   80
que es decir juicio de Dios,

	mal ajustarse procura	
	hoy nuestra conversación,	
	si somos en conclusión	
	juicio tú y yo locura.	85
Daniel	Bien podemos hoy un poco	
	hablar los dos con acuerdo,	
	tú subiéndote a ser cuerdo,	
	sin bajarme yo a ser loco,	
	que aunque es tanta la distancia	90
	de acciones locas y cuerdas,	
	tomando el punto a dos cuerdas,	
	hacen una consonancia.	

Pensamiento	Responderte a todo intento,	
	y es consecuencia perfeta,	95
	que lo que alcanza un profeta	
	se lo diga el Pensamiento.	

| Daniel | Dime, ¿de qué es el placer, | |
| | que ahora vuelas celebrando? | |

Pensamiento	De la boda estoy pensando	100
	que hoy Babilonia ha de ver	
	el aplauso superior.	

| Daniel | ¿Pues quién, di, se ha de casar? | |

Pensamiento	Nuestro gran rey Baltasar,	
	de Nabucodonosor	105
	hijo en todo descendiente.	

| Daniel | ¿Quién es la novia feliz? | |

| Pensamiento | La gallarda emperatriz | |

	de los reinos del Oriente,	
	cuna adonde nace el día.	110

Daniel   ¿Ella es idólatra?

Pensamiento   Pues
           y tan idólatra es,
           que es la misma idolatría.

Daniel   ¿Él no estaba ya casado
           con la humana vanidad   115
           de su imperio y majestad?

Pensamiento   Su ley licencia le ha dado
           de dos mujeres, y aun mil,
           y aunque vanidad tenía,
           vanidad e idolatría   120
           le hacen soberbio y gentil;
           juicio de Dios, o Daniel,
           que todo es uno, que así
           lo dice el texto.

Daniel   ¡Ay de mí!

Pensamiento   ¿Habíais de casar con él,   125
           que tanto lo sentís vos?
(Aparte.)   Mal en decírselo hice.

Daniel   ¡Ay de ti, reino infelice!
           ¡Ay de ti, pueblo de Dios!

Pensamiento   Si va a decir la verdad,   130
           vos estáis ahora pensando
           que él celebra bodas cuando

>
> lloráis en cautividad
> vosotros, y es el dolor
> de que esta boda no sea   135
> con la Sinagoga hebrea,
> por quedar libres y por...
> pero la música suena.

(Tocan chirimías.)

> Presto a otra cosa pasé
> mientras Babilonia ve   140
> qué recibimiento ordena
> a su reina que los dos
> nos retiremos, nos dicen.

(Retírase.)

Daniel   ¡Ay de ti, reino infelice!
                ¡Ay de ti, pueblo de Dios!   145

(Tocan chirimías y salen Baltasar y La Vanidad, y por otra parte La Idolatría, muy bizarra, y acompañamiento.)

Baltasar   Corónese tu frente
                de los hermosos rayos del Oriente,
                si ya la poma suya
                no es poca luz para diadema tuya;
                gentil Idolatría,   150
                reina en mi imperio, y en el alma mía,
                en hora feliz vengas
                a la gran Babilonia, donde tengas
                en mi augusta grandeza
                dosel debido a tu imperial belleza,   155
                rindiéndose a tus plantas

cuantas estatuas, cuantas
imágenes y bultos
dan holocaustos, sacrifican cultos
a tu aliento bizarro   160
en oro, en plata, en bronce, en piedra, en barro.

Idolatría   Baltasar generoso,
gran rey de Babilonia poderoso,
cuyo sagrado nombre
por que al olvido, por que al tiempo asombre,   165
el hebreo sentido
le traduce tesoro que escondido
estará; la feliz Idolatría,
emperatriz de la mansión del día
y reina del oriente,   170
donde joven el sol resplandeciente
más admirado estuvo,
de quien la admiración principio tuvo,
hoy a tu imperio viene
por el derecho a que a tus aras tiene,   175
pues desde que en abismos sepultado
del gran diluvio el mundo salió a nado,
fue este imperio el primero
que introdujo, político y severo,
dando y quitando leyes   180
la humana idolatría de los reyes,
y la divina luego
de los dioses en lámparas de fuego.
Nembroth hable adorado,
y Moloc en hogueras colocado,   185
pues los dos merecieron este extremo:
Nembroth por ley, Moloc por Dios supremo,
de donde se siguieron
tantos ídolos cuantos hoy se unieron

a estas bodas propicios,   190
pues las ven en confusos sacrificios
treinta mil dioses bárbaros que adoro
en barro, en piedra, en bronce, en plata, en oro.

Pensamiento   Aquesta sí que es vida;
haya treinta mil dioses a quien pida   195
un hombre, en fin, lo que se le ofreciere,
por que éste otorgue lo que aquél no diere;
y no tú, que importuno
tienes harto con uno,
que de oírlo me espanto: 200
¿cómo un Dios sólo puede estar en tanto
como tiene que hacer?

Daniel   Como lo sea,
en más su mano universal se emplea.

Baltasar   Habla a la hermosa Vanidad, que ha sido   205
mi esposa, y pues las dos habéis nacido
de un concepto, a las dos unir procura
mi ambición: ¡Qué belleza! ¡Qué hermosura!

(Mirando a las dos, y él en medio.)

Dame, soberbia Vanidad, los brazos.

Vanidad   Eternos han de ser tan dulces lazos.   210

Idolatría   Envidia la beldad tuya me diera
si lo divino que envidiar tuviera.

Vanidad   Celos tu luz me diera, por los cielos,
pero la vanidad no tiene celos.

16

Baltasar	(Aparte.) Un día me amanece en otro día,	215
	y entre la Vanidad e Idolatría,	
	la más hermosa, el alma, temerosa,	
	duda; porque cualquiera es más hermosa	
	cuando con el aplauso lisonjero	
	rey me apellido, y Dios me considero.	220
Idolatría	¿De qué te has suspendido?	
Vanidad	¿De qué te has divertido?	
Baltasar	Tu gran beldad, ¡oh Idolatría!, me admira;	
	tu voz, ¡oh Vanidad!, dulce me inspira,	
	y así, por que divierta mi tristeza	225
	movido de tu aliento, y tu belleza,	
	hoy a las dos pretendo	
	desvanecer, y enamorar, haciendo	
	la Idolatría alarde de mis glorias,	
	cuando la Vanidad de mis victorias.	230
	De aquel soberbio Nabuco	
	a cuyo valor, y a cuya	
	majestad obedecieron	
	hado, poder y fortuna	
	de aquel rayo de Caldea,	235
	que desde la esfera suya	
	flechado, Jerusalén	
	llora su abrasada injuria.	
	De aquel que a cautividad	
	redujo la sangre justa	240
	de Israel, transmigración	
	que hoy en Babilonia dura.	
	De aquel que robó del Templo	
	vasos y riquezas sumas,	
	despojo sagrado ya	245

17

de mi majestad augusta.
De aquel, en fin, que a los campos
pació la esmeralda bruta,
medio hombre, medio fiera,
monstruo de vello y de pluma   250
hijo soy, deidades bellas,
y por que le sustituya
como en el reino en la fama,
como en la fama en la furia,
los altos dioses que adoro,   255
de tal condición me ilustran,
que no dudo que en mi pecho
o se repita o se infunda
su espíritu, y que heredada
el alma, también se funda   260
en mi cuerpo, si es que dos
pudieron vivir con una.
No el ser, pues, rey soberano
de cuanto el Tigris circunda,
de cuanto el Éufrates baña   265
y de cuanto el sol alumbra
por tantas provincias, que
a sólo verlas madruga,
por que no se cumpla el día
sin que la tarde se cumpla   270
la sed de tanta ambición,
o satisface, o apura,
y sólo me desvanece,
o sea valor, o locura,
tener sobre aquestos montes   275
jurisdicción absoluta,
porque éstos son de Senar
aquella campaña dura
que entre la tierra y el cielo

vio tan estupenda lucha, 280
cuando los hombres osados,
con valor y sin cordura,
armaron contra los dioses
fábricas, que al sol encumbran.
Y para que sepas tú, 285
Vanidad, de cuánto triunfas;
y cuánto tú, Idolatría,
vienes a mandar, escucha:
Estaba el mundo gozando
en tranquila edad segura 290
la pompa de su armonía,
la paz de su compostura,
considerando entre sí
que de una masa confusa
que ha llamado la poesía 295
caos, y nada la escritura,
salió a ver la faz serena
de esa azul campaña pura
del cielo, desenvolviendo
con lid rigurosa y dura 300
de las luces y las sombras,
la unidad con que se aúnan
de la tierra, y de las aguas,
el nudo con que se anudan,
dividiendo y apartando 305
las cosas, que cada una
son un mucho de por sí,
y eran nada todas juntas
consideraba, que halló
la tierra que antes inculta 310
e informe estuvo, cubierta
de flores, que la dibujan,
el vago viento poblado

de las aves que le cruzan;
el agua hermosa, habitada						315
de los peces que la surcan;
y el fuego, con esas dos
antorchas, el sol y luna,
lámparas del día y la noche,
ya solar y ya nocturna,						320
que se halló, en fin, con el hombre,
que es de las bellas criaturas
que Dios, por mayor milagro,
hizo a semejanza suya;
con esta hermosura vana,						325
no hay ley a que le reduzca;
tan antiguo es en el mundo
el ser vana la hermosura;
vano y hermoso, en efecto,
eterna mansión se juzga,						330
sin parecerle que haya
por castigo de sus culpas
guardado un universal
diluvio, que le destruya;
y con esta confianza						335
en solos vicios se ocupan
los hombres, mal poseídos
de la soberbia y la gula,
de la avaricia y la ira,
de la pereza y lujuria.						340
Enojados, pues, los dioses,
a quien nada hay que se encubra,
trataron de deshacer
el mundo, como a su hechura,
no a diluvios, pues de rayos						345
se vio la cólera suya
fiada a incendios si de agua,

porque la majestad suma
tal vez con nieve culmina
y tal vez con fuego inunda. 350
Cubrióse el cielo de nubes
densas, opacas y turbias,
que como estaba enojado,
por no revocar la justa
sentencia, no quiso ver 355
de su venganza sañuda
su mismo rigor; y así,
entre tinieblas se oculta,
entre nubes se enmaraña,
porque a un Dios, con ser Dios, busca 360
para mostrar su rigor,
ocasión, si no disculpa;
el principio fue un rocío
de los que a la aurora enjuga
con cendales de oro el sol; 365
luego, una apacible lluvia
de las que a la tierra dan
el riego con que se pula;
luego fueron lanzas de agua,
que nubes y montes junta, 370
teniendo el cuenco en los montes
cuando en las nubes las puntas;
luego fueron desatados
arroyos, creció la furia;
luego fueron ríos; luego 375
mares de mares: ¡oh suma
sabiduría! Tú sabes
los castigos que procuras;
bebiendo sin sed el orbe,
hecho balsas y lagunas, 380
padeció tormenta de agua

por bocas, y por roturas
los bostezos de la tierra,
que por entreabiertas grutas
suspiran; cerrado ya 385
en prisión ciega y oscura,
tuvieron al aire; y él
que por dónde salir busca,
brama encerrado; y al fiero
latido que dentro pulsa, 390
las montañas se estremecen
y los peñascos caducan.
Aquese freno de arena
que para a raya la furia
de ese marino caballo, 395
siempre argentado de espuma,
le soltó todas las riendas,
y él desbocado procura,
corriendo alentado siempre,
no parar, cobarde, nunca. 400
Las fieras, desalojadas
de sus estancias incultas,
ya en las regiones del aire,
no es mucho que se presuman
aves; las aves nadando, 405
no es mucho que se introduzcan
a ser peces, y los peces
viviendo las espeluncas,
no es mucho que piensen ser
fieras, por que se confundan 410
las especies; de manera
que en la deshecha fortuna,
entre dos aguas, que así
se dice que está el que duda,
el pez, el bruto y el ave, 415

discurran sin que discurran
dónde tiene su mansión
la piel, la escama y la pluma.
Y al último paroxismo
el mundo se desahucia,   420
y en fragmentos desatados
se parte y se descoyunta,
y como aquel que se ahoga
a brazo partido lucha
con las ondas, y ellas hacen   425
que aquí salga, allí se hunda;
así el mundo, agonizando
entre sus ansias, se ayuda.
Aquí un edificio postra,
allí descubre una punta,   430
hasta que rendido ya,
entre lástimas y angustias,
de cuarenta codos de agua
no hay parte que no se cubra,
siendo a su inmenso cadáver   435
todo el mar pequeña tumba.
Cuarenta auroras a mal
echó el sol, porque se enlutan
las nubes, y luz, a exequias
de esta máquina difunta.   440
Sólo aquella primer nave
a todo embate segura,
elevada sobre el agua,
a todas partes fluctúa,
tan vecina a las estrellas   445
y a los luceros tan junta,
que fue alguno su farol
y su linterna fue alguna;
en ésta, pues, las reliquias

del mundo salvó la industria 450
de Noé, depositando
todas sus especies juntas;
hasta que el mar, reducido
a la obediencia que jura,
se vio otra vez y otra vez 455
la tierra pálida, y mustia,
desmelenada la greña,
llena de grietas y arrugas,
la faz de la luz apenas
tocada, pero no enjuta; 460
asomó entre ovas y lamas
la disforme catadura,
y en retórico silencio
agradecida saluda
del arco de paz la seña, 465
pajiza, leonada y rubia,
segundo Adán de los hombres;
con generación fecunda,
el mundo volvió a poblar
de animales y criaturas. 470
Nembroth, hijo de Canaán,
que las maldiciones suyas
heredó, estirpe en efecto
aborrecida e injusta;
las provincias de Caldea, 475
con sus familias ocupa,
y sus hijos, cada uno
de tan disforme estatura,
que era un monte organizado
de miembros y de médulas. 480
Éstos, pues, viendo que un arca
al mundo salvó, procuran
con fábrica más heroica,

con máquina más segura,
hacer contra los enojos 485
del cielo una fuerza cuya
majestad en los diluvios
los guarde y los restituya.
Ya para la extensa torre
montes sobre montes juntan; 490
y la cerviz de la tierra,
de tan pesada coyunda
oprimida la hacen, que
tanta pesadumbre sufra;
bien que con el peso gima; 495
bien que con la carga cruja.
Creció la máquina y crece
la admiración que la ayuda
a ser dos veces mayor,
pues no hay gentes que no acudan 500
a su edificio, hasta ver
que la inmensa torre suba
a ser tambico pilar,
a ser dórica columna,
embarazo de los vientos 505
y lisonja de la luna,
ya con la empinada frente
la esfera abolla cerúlea,
y con el cuerpo en el aire
tanto estorba como abulta; 510
pero en medio de esta pompa,
de este aplauso, esta ventura,
le cortó el cielo los pasos,
porque el mirar le disgusta
escalar de sus esferas 515
la sagrada arquitectura;
y por que no por asalto

ganarle el hombre presuma,
quiere que en los que la labran
tal variedad se introduzca   520
de lenguas, que nadie entienda
aun lo mismo que articula.
Suenan en todos a un tiempo
destempladas y confusas
voces, que el sentido humano   525
hasta entonces no oyó nunca;
ni éste sabe lo que dice,
ni aquél sabe lo que escucha;
por que de esta suerte el orden
o se pierda, o se confunda.   530
Setenta y dos lenguas fueron
las que los hombres pronuncian
en un instante que tantas
quiere el cielo que se infundan
en setenta y dos idiomas;   535
repetidos se divulga
el eco, y desesperados
los hombres ya, sin que arguyan
la causa, huyen de sí mismos,
si hay alguien que de sí huya.   540
Cesa el asalto, por que
no quede memoria alguna
de tan glorioso edificio,
de fábrica tan augusta.
Preñada nube a este tiempo,   545
para que más le confunda,
hace herida, que su vientre
humo exhale y fuego escupa,
siendo de su atrevimiento
ella misma sepultura,   550
haciendo de sus ruïnas

pira, monumento y urna;
yo, pues, viendo que mi pecho
la fama a Nembroth le hurta
creo que quedar entonces   555
tantas cenizas caduca
fue por que yo la acabase,
pues en mí a un tiempo se juntan
Vanidad e Idolatría
con que a tantos rayos luzca.   560
Pues si tú me das aliento
con que hasta el imperio suba;
si tú me aplacas los dioses;
si tú, Vanidad, me ayudas;
si tú, Idolatría, me amparas,   565
¿quién duda decir, quién duda
que atrevido, y no postrado,
tan grande promesa cumpla?
Y así quiero que las dos
reinen en mi pecho juntas,   570
idolatra a tu belleza
y vano con tu hermosura,
sacrificando a tus dioses,
mereciendo tus fortunas,
adorando tus altares,   575
logrando tus aventuras
en láminas de oro y plata,
que caracteres esculpan,
vivirá mi nombre eterno
a las edades futuras.   580

Idolatría   A tus pies verás que estoy,
siempre firme y siempre amante.

Vanidad   Siempre, Baltasar, constante

	luz de tus discursos soy.	
Idolatría	Y si a los dioses te igualas,	585
	yo por Dios te he de adorar.	
Vanidad	Yo, por que puedas volar,	
	daré a tu ambición mis alas.	
Idolatría	Sobre la deidad más suma	
	coronaré tu arrebol.	590
Vanidad	Yo, para subir al sol,	
	te haré una escala de pluma.	
Idolatría	Estatuas te labraré,	
	que repitan tu persona.	
Vanidad	Yo al laurel de tu corona	595
	más hojas añadiré.	
Baltasar	Dadme las manos las dos;	
	¿quién de tan dulces abrazos	
	podrá las redes y lazos	
	romper?	
Daniel	La mano de Dios.	
Baltasar	¿Quién tan atrevido así	600
	a mis voces respondió?	
Pensamiento	Yo no he sido.	
Baltasar	¿Pues quién?	

Daniel	Yo.

Baltasar	Pues hebreo, ¿cómo así
	os atrevéis vos, que fuisteis	605
	en Jerusalén cautivo?
	¿Vos, que humilde y fugitivo
	en Babilonia vivisteis?
	Vos, mísero y pobre, ¿vos
	así me turbáis, así?	610
	¿Quién ya libraros de mí
	podrá?

(Va a sacar la daga.)

Daniel	La mano de Dios.

Baltasar	Tanto puede una voz, tanto,
	que de oírla me retiro,
	de mi paciencia me admiro,	615
	de mi cólera me espanto;
	enigmas somos los dos;
	cuando tu Muerte pretende
	mi furor, ¿quién te defiende,
	Daniel?

Daniel	La mano de Dios.	620

Pensamiento	Lo que en la mano porfía.

Vanidad	Déjale, que su humildad
	desluce mi vanidad.

Idolatría	Y su fe mi idolatría.

Baltasar   Vida tienes por las dos,   625
                  y que viva me conviene,
                  por que vea que no tiene
                  fuerza la mano de Dios.

(Vase Baltasar.)

Pensamiento   De buena os habéis librado;   630
                  y yo estimo la lección,
                  pues en cualquier ocasión
                  en que me vea apretado,
                  sé cómo me he de librar,
                  pues sin qué ni para qué   635
                  la mano de Dios diré,
                  y a todos haré temblar;
                  y pues de mano los dos
                  solamente nos ganamos,
                  mano a mano nos partamos: 640
                  id a la mano de Dios.

(Vase.)

Daniel   ¿Quién sufrirá tus inmensas
                  injurias, autor del día?
                  Vanidad e Idolatría
                  solicitan tus ofensas.   645
                  ¿Quién podrá? ¿Quién de mi fe
                  en esta justa esperanza
                  tomar por vos la venganza?

Muerte   Yo podré.

(Sale La Muerte con espada y daga, de galán, con un manto lleno de Muertes.)

Daniel	Fuerte aprensión, ¿qué me quieres,	650
	que entre fantasmas y sombras	
	me atemorizas y asombras?	
	Nunca te he visto; ¿quién eres?	

Muerte	Yo, divino profeta Daniel,	
	de todo lo nacido soy el fin;	655
	del pecado y la envidia hijo cruel,	
	abortado por áspid de un jardín,	
	la puerta para el mundo me dio Abel;	
	mas quien me abrió la puerta fue Caín,	
	donde mi horror introducido ya,	660
	ministro es de las iras de Jehová.	
	Del pecado y de la envidia, pues, nací,	
	por que dos furias en mi pecho estén;	
	por la envidia caduca Muerte di	
	a cuantos de la vida la luz ven;	665
	por el pecado Muerte eterna fui	
	del alma, pues que muere ella también.	
	Si de la vida es Muerte el expirar,	
	la Muerte así del alma es el pecar.	
	Si juicio, pues, de Dios tu nombre fue,	670
	y del juicio de Dios rayo fatal	
	soy yo, que a mi furor postrar se ve,	
	vegetable, sensible y racional,	
	¿por qué te asombras tú de mí, por qué	
	la porción se estremece en ti mortal?	675
	Cóbrate, pues, y hagamos hoy los dos	
	de Dios tú el juicio, y yo el poder de Dios,	
	aunque no es mucho que te asombre, no,	
	aun cuando fueras Dios, de verme a mí,	
	pues cuando él de la flor de Jericó	680
	clavel naciera en campos de alhelí,	

al mismo Dios le estremeciera yo
la parte humana, y al rendirse a mí,
turbaran las estrellas su arrebol,
la faz la luna y su semblante el sol; 685
titubeara esa fábrica infeliz
y temblara esa forma inferior,
la tierra desmayada su cerviz,
luchando piedra a piedra y flor a flor;
a media tarde, joven infeliz, 690
expirara del día el resplandor,
y la noche su lóbrego capuz
vistiera por la Muerte de la luz.
Mas hoy sólo me toca obedecer;
a ti sabiduría, prevenir; 695
manda, pues, que no tiene que temer
matar el que no tiene que morir:
mío es el brazo, tuyo es el poder;
mío el obrar, si tuyo es el decir,
harta de vidas sed tan singular, 700
que no apagó la cólera del mal.
El más soberbio alcázar, que ambición,
si no lisonja, de los vientos es.
El muro más feliz, que oposición,
si no defensa, de las bombas es, 705
fáciles triunfos de mis manos son,
despojos son humildes de mis pies;
si el alcázar y muro he dicho ya,
¿qué será la cabaña? ¿Qué será?
La hermosura, el ingenio y el poder 710
a mi voz no se pueden resistir;
de cuantos empezaron a nacer,
obligación me hicieron de morir:
todas están aquí; ¿cuál ha de ser
la que hoy, juicio de Dios, mandas cumplir?, 715

que el concepto empezando más veloz
no acabará de articular la voz.
Entre aquella vital respiración
que desde el corazón al labio hay,
parará movimiento con la acción,   720
el artificio que un suspiro tray:
cadáver de sí mismo el corazón
verás, rotos los ejes, como cay
sepulcro ya la silla en que era rey,
justo decreto de precisa ley.   725
Yo abrasaré los campos de Nembroth;
yo alteraré las gentes de Babel;
yo infundiré los sueños de Behemoth;
yo verteré las plagas de Israel;
yo teñiré las viñas de Nabot;   730
yo humillaré la frente a Jezabel;
yo mancharé las mesas de Absalón
con la caliente púrpura de Amón;
yo postraré la majestad de Acab,
arrastrado en su carro de rubí;   735
yo, con las torpes hijas de Moab,
profanaré las tiendas de Zambrí;
yo tiraré los chuzos de Joab,
y si mayor aplauso fías de mí,
yo inundaré los campos de Senar   740
con la sangre infeliz de Baltasar.

Daniel   Severo y justo ministro
de las cóleras de Dios,
cuya vara de justicia
es una guadaña atroz.   745
Ya que el tribunal divino
representamos los dos,
no quiero, no, que el decreto,

del libro que es en rigor
de acuerdo, aunque ya en los hombres   750
es libro de olvido hoy,
ejecutes sin que antes
le hagas con piadosa voz
los justos requerimientos
que pide la ejecución.   755
Baltasar quiere decir
tesoro escondido, y yo
sé que en los hombres las almas
tesoro escondido son.
Ganarle quiero, y así,   760
sólo licencia te doy
para que a Baltasar hagas
una notificación.
Recuérdale que es mortal;
que la cólera mayor   765
antes empuña la espada
que la desnuda; así yo,
que la empuñes te permito,
mas que la desnudes, no.

(Vase.)

Muerte   ¡Ay de mí, qué grave yugo   770
              sobre mi cerviz cayó!
              Sobre mis manos, ¡qué hielo!
              Sobre mis pies, ¡qué prisión!
              De tus preceptos atado,
              ¡oh inmenso juicio de Dios!,   775
              la Muerte está sin aliento,
              la cólera sin razón.
              Para acordarle no más
              que es mortal de mi rigor,

	sola una vislumbre basta;	780
	de mi mal, sola una voz:	
	¿Pensamiento?	

(Sale El Pensamiento.)

Pensamiento   ¿Quién me llama?

Muerte   Yo soy quien te llamo.

Pensamiento	Y yo	
	soy quien quisiera en mi vida	785
	no ser llamado por vos.	

Muerte   ¿Pues qué es lo que tienes?

Pensamiento   Miedo.

Muerte   ¿Qué es miedo?

Pensamiento   Miedo es temor.

Muerte   ¿Qué es temor?

Pensamiento   Temor, espanto.

Muerte   ¿Qué es espanto?

Pensamiento	Espanto, horror.	790

Muerte	Nada de eso sé lo que es,
	que jamás lo tuve yo.

Pensamiento   ¿Pues lo que no tenéis dais?

Muerte	Por no tenerle le doy.
	¿Adónde está Baltasar?	795

Pensamiento	En un jardín, con las dos
	deidades que adora.

Muerte	Ponme
	con él; llévame veloz
	a su presencia.

| Pensamiento | Sí haré, | 800
|---|---|
| | porque no tengo valor |
| | para negarlo. |

Muerte	Que bien
	justo precepto de Dios
	a hacerle a mi memoria;
	en su pensamiento voy.	805

(Vanse los dos, y salen Baltasar, Idolatría y Vanidad.)

Idolatría	Señor, ¡qué grave tristeza!

Vanidad	¡Qué grave pena, señor!

Idolatría	¿Tu discurso desvanece?

Vanidad	¿Turba tu imaginación?

Baltasar	No sé qué pena es la mía.

(Vuelven a salir El Pensamiento y La Muerte.)

Pensamiento	Llega, que aquí está.	810

Baltasar   Que estoy
                pensando en las amenazas
                de aquella mano de Dios,
                cuál ha de ser el castigo
                que me ha prometido.

Muerte   Yo.   815

(Vase retirando y sale La Muerte tras él.)

Baltasar   ¿Qué es esto que miro, cielos?
                ¿Sombra, fantasma o visión?
                ¿Qué voz y cuerpo me finges
                sin que tengas cuerpo y voz?
                ¿Cómo has entrado hasta aquí?   820

Muerte   Como si es la luz el sol,
                yo soy la sombra si él
                la vida del mundo, yo
                del mundo la Muerte, así
                entro yo como él entró,   825
                por que de luces a sombras
                esté igual la posesión.

Idolatría   ¿Quién es éste que el mirarle
                le retira de los dos?

Baltasar   ¿Cómo a cada paso tuyo   830
                vuelve atrás mi presunción?

Muerte   Porque das tú atrás los pasos
                que yo hacia delante doy.

Pensamiento   La culpa tuve en traerle,
que soy un traidor traedor.   835

Baltasar   ¿Qué me quieres y quién eres?
O luz o sombra.

Muerte   Yo soy
un acreedor tuyo, y quiero
pedirte como acreedor.

Baltasar   ¿Qué te debo, qué te debo?   840

Muerte   Aquí está la obligación,
en un libro de memorias.

(Saca un libro de memorias.)

Baltasar   Éste es engaño, es traición,
porque esta memoria es mía;
a mí, a mí se me perdió.   845

Muerte   Es verdad, mas las memorias
que tú pierdes hallo yo;
lee.

Baltasar   Yo, el gran Baltasar,
de Nabucodonosor   850
hijo, confieso que el día
que el vientre me concibió
de mi madre, fue en pecado,
y recibí (helado estoy)
una vida, que a la Muerte   855
he de pagar (¡qué rigor!)

cada, y cuando que la pida,
cuya escritura pasó
ante Moisés, los testigos
siendo Adán, David y Job.   860
Yo lo confieso, es verdad;
mas no me ejecutes, no;
dadme más plazo a la vida.

Muerte   Liberal contigo soy,
porque aún no está declarada   865
hoy la justicia de Dios,
y para que se te acuerde
ser, Baltasar, mi deudor,
de la gran Sabiduría
este Memorial te doy.   870

(Vase, dándole un papel, y lo abre Baltasar y lo lee.)

Baltasar   Así habla en un proverbio
del espíritu la voz:
Polvo fuiste y polvo eres
y polvo has de ser. Yo, ¿yo
polvo fui siendo inmortal?   875
Siendo eterno, ¿polvo soy?
¿Polvo he de ser siendo inmenso?
¿Es engaño, es ilusión?

(Anda El Pensamiento alrededor de Baltasar.)

Pensamiento   Yo, como loco, en efecto,
vueltas y más vueltas doy.   880
Baltasar   ¿No es deidad la Idolatría?

Pensamiento   Acá me vengo con vos.

Baltasar   (Anda alrededor de las dos.)
                  ¿La Vanidad no es deidad?

Pensamiento   Ahora con vos estoy.

Baltasar   ¡Cuál anda mi Pensamiento   885
                  vacilando entre las dos!

Idolatría   ¿Qué contendrá aquel papel
                  que tanto le divirtió
                  de nosotras?

(Quítale La Vanidad el memorial.)

Vanidad   Desta suerte
                  lo veremos.

Pensamiento   Noble acción,   890
                  la memoria de la Muerte
                  la Vanidad le quitó.

Baltasar   ¿Qué es lo que pasa por mí?

Vanidad   Hojas inútiles son,
                  el viento juegue con ellas.   895

(Hácele pedazos y lo arroja.)

Baltasar   ¿Aquí estábades las dos?

Idolatría   ¿Qué ha sido esto?

Baltasar   No lo sé;

una sombra, una ilusión
que ocupó mi fantasía,
que mi discurso ocupó;   900
pero ya se fue la sombra
desvaneciendo su horror,
¿qué mucho que temerosa
la noche huyese, si vio
que en vuestros ojos divinos   905
madrugaba el claro sol?
Y no a los míos parece
que solamente salió
esa luz que me ilumina,
que me alumbra ese esplendor,   910
sino a todo el jardín, pues
oscuro el rubio arrebol
del sol, estaba hasta veros,
y viéndoos amaneció
segunda vez, porque como   915
dos soles y auroras sois,
él no se atrevió a salir
sin licencia de las dos.

Vanidad   Si soles somos, y auroras
por su antigua adoración,   920
el Sol es la Idolatría;
yo la aurora, que inferior
soy a los rayos, y así
a ella debe el resplandor
el valle que goza, pues   925
cuando entre sombras durmió
no la despertó la aurora,
que otro sol la despertó.

Idolatría   Concedo que aurora seas,

y concédote que soy   920
yo el sol, por rendirme a ti,
porque al hermoso candor
de la aurora, el sol le debe
todo el primer arrebol,
y así, siendo la primera   925
la luz, que le iluminó,
la luz de la aurora ha sido
más bella que la del sol,
pues salió primero al valle
y antes que él amaneció.   930

Pensamiento   La hermosura y el ingenio
se compiten en las dos,
y pues convida el jardín
con la dulce emulación
de las flores y las fuentes,   935
sobre el lecho que tejió
para sí la Primavera
os sentad; lisonjas son
los pájaros, y las ramas,
haciendo blando rumor   940
al aire que travesea
entre las hojas veloz,
donde aromas de cristal
y pastillas de ámbar son
las fuentecillas risueñas   945
y el prado lleno de olor.

(Siéntanse todos, y en medio Baltasar, y La Idolatría le quita el sombrero y
con el penacho le hace aire.)

Idolatría   Yo con el bello penacho
de las plumas, que tejió

la Vanidad, escogidas
de la rueda del pavón,
te daré aire.

Pensamiento   ¿Pues conmigo   950
no fuera mucho mejor,
que soy sutil abanico
del Pensamiento? Aunque no,
que más parezco en la cara
abanico del Japón.   955

Vanidad   Yo con músicos cantando
pararé al aire mi voz.

Baltasar   La música de la aurora
no me sonará mejor
cuando, sacudiendo el día   960
entre uno y otro arrebol,
le daban la bienvenida
perla a perla, y flor a flor.

Vanidad   (Cantando.)
Ya Baltasar es deidad,
pues le rinde en este día   965
estatuas la Idolatría
y templos la Vanidad.

(Sale La Muerte.)

Muerte   Aquí apacible voz suena;
donde con trágico estilo
llora un mortal cocodrilo,   970
canta una dulce sirena;
tampoco pudo la pena

de mi memoria, que ha sido
de la Vanidad olvido,
pues ya mi sombra le asombra,   975
a ver si puede mi sombra
lo que mi voz no ha podido.
Con el opio y el beleño
entorpezca tu fortuna;
infúndale, pues, a una,   980
mi imagen, pálido sueño;
sea de tu vida dueño,
en que se acuerde de mí
un letargo, un frenesí,
una imagen, un veneno,   985
un horror de horrores lleno.

Vanidad   ¿Parece que duerme?

Idolatría   Sí.

(Quédase dormido Baltasar.)

Vanidad   Pues entre sueños espero,
por que al despertar se halle
ufano, representalle   990
un aplauso lisonjero.

(Vase.)

Idolatría   Yo significarle quiero
dónde el vuelo ha de llegar
de mi deidad singular.

Pensamiento   Mi afán aquí descansó,   995
pues sólo descanso yo

cuando duerme Baltasar.

(Échase a dormir.)

Muerte   Descanso del sueño hace
el hombre, ¡ay Dios!, sin que advierta
que cuando duerme y despierta,   1000
cada día muere y nace,
que vivo cadáver yace
cada día, pues rendida
la vida a un breve homicida
que es su descanso, no advierte   1005
una lección que la Muerte
le va estudiando a la vida.
Veneno es dulce, que lleno
de lisonjas, desvanece,
aprisiona y entorpece,   1010
y ¡ay quien beba este veneno!
Olvido es de luz ajeno
que aprisionado ha tenido
en sí, uno y otro sentido,
pues ni oyen, tocan ni ven,   1015
informes todos, y ¡ay quien
no se acuerde de este olvido!
Frenesí es, pues así
varias especies atray,
que goza inciertas, y ¡ay   1020
quien ame este frenesí!
Letargo es, a quien le di
de mi imperio todo el cargo,
y con repetido embargo
del obrar y el discurrir,   1025
enseña al hombre a morir;
¿y hay quien busque este letargo?

Sombra es, que sin luz asombra
que es su oscura fantasía
triste oposición del día; 1030
¿y hay quien descanse a esta sombra?
Imagen, al fin se nombra
de la Muerte, sin que ultrajen,
sin que ofendan, sin que atajen
los hombres su adoración, 1035
pues es sola una ilusión.
¿Y hay quien adore esta imagen?
Pues ya Baltasar durmió,
ya que el veneno ha bebido
y ha olvidado aquel olvido; 1040
ya que el frenesí pasó,
ya que el letargo sintió,
ya de horror y asombro lleno
vio la imagen, pues su seno
penetre horror, y se nombra 1045
ilusión, letargo y sombra,
frenesí, olvido y veneno.
Y pues Baltasar durmió,
duerma a nunca despertar
sueño eterno Baltasar
de cuerpo y alma. 1050

(Saca la espada y quiere matarle, y sale Daniel y detiene el brazo a La Muerte.)

Daniel   Eso no.

Muerte   ¿Quién tiene mi brazo?

Daniel   Yo,
              porque el plazo no ha llegado;

                número determinado
                tiene el pecar y el vivir,   1055
                y el número ha de cumplir
                ese aliento, ese pecado.

Muerte   Llegarán (¡hado crüel!).
                Cumpliránse (¡pena fiera!),
                para que algún justo muera   1060
                y setras semanas Daniel,
                y no un pecador, ¡oh fiel!,
                juez de la ejecución mía.
                ¿Qué esperáis? Que si este día
                logra una temeridad,   1065
                oye allí la Vanidad,
                mira allí la Idolatría.

(Ábrese una apariencia a un lado y se ve una estatua de color de bronce a
caballo y La Idolatría teniéndole el freno, y al otro lado sobre una torre apa-
rece La Vanidad con muchas plumas y un instrumento en la mano.)

Idolatría   Baltasar de Babilonia,
                que las lisonjas del sueño
                sepulcro tú de ti mismo   1070
                mueres vivo y vives muerto.

Vanidad   Baltasar de Babilonia,
                que en el verde monumento
                de la primavera eres
                un racional esqueleto.   1075
Baltasar   ¿Quién me llama? ¿Quién me llama?
                Mas si a mis fantasmas creo,
                ya, Vanidad, ya te miro;
                (Entre sueños.)
                ya, Idolatría, te veo.

Idolatría	Yo la sacra Idolatría,	1080
	deidad que del sol desciendo,	
	a consagrarte esta estatua	
	del supremo alcázar vengo,	
	por que tenga adoración	
	hoy tu imagen en el suelo.	1085

Vanidad	Yo, la humana Vanidad,	
	que en los abismos me engendro,	
	y naciendo entre los hombres	
	tengo por esfera el cielo,	
	para colocar la estatua	1090
	este imaginado templo	
	te dedico, que de pluma	
	he fabricado en el viento.	

Baltasar	¡Qué triunfos tan soberanos!	
	¡Qué aplausos tan lisonjeros!	1095
	Ofréceme, Idolatría,	
	altares, aras, inciensos,	
	y adórense mis estatuas	
	por simulacros excelsos;	
	tu Vanidad sube, sube,	1100
	a coronarte al Imperio;	
	ilústrese una volando;	
	ilústrese otra cayendo.	

(Baja La Estatua y sube la torre y cantan las dos.)

Idolatría	(Cantando.)	
	Bajad, estatua, bajad;	
	a ser adorada ir.	

Vanidad	(Cantando.)	1105
	A ser eterno subir,	
	templo de la Vanidad.	

Idolatría   Corred, bajad.

Vanidad   Subid, volad.

Las dos   Pues hoy de los vientos fía.

Idolatría   Estatuas la Idolatría.   1110

Vanidad   Y templo, la Vanidad.

Muerte   Suéltame, Daniel, la mano;
verás que osado y soberbio
acabo, como Sansón,
con el ídolo y el templo.

Daniel   Ya yo te la soltaré,   1115
veloz cometa de fuego,
en siendo tiempo rigor;
pero hasta que sea tiempo,
aquesa estatua de bronce
le dé otro metal acuerdo,   1120
que trompeta de metal
tocada por mi precepto
será trompeta de juicio.

Muerte   A los dos está bien eso,
que en tocando la trompeta,   1125
a su voz el universo
todo expirará, y así,
¡oh tu peñasco de acero!,

¿qué espíritu aborrecido
vive por alma en tu pecho? 1130
Deidad, mentira de bronce,
desengáñate a ti mesmo.

(Vase.)

Estatua   Baltasar.

Baltasar   ¿Qué es lo que quieres,
ilusión o fingimiento?
¿Qué me matas? ¿Qué me afliges? 1135

Estatua   Oye y velen a mi aliento
hoy los sentidos del alma
mientras duermen los del cuerpo,
que contra la Idolatría
áspid de metal me vuelvo, 1140
por que como el áspid, yo
muera a mi mismo veneno;
y en tanto que el labio duro
del bronce articula acentos,
enmudezcan esas voces, 1145
que son lisonjas al viento.
Yo soy la estatua que vio
Nabuco, hecha de diversos
metales, con pies de barro,
a quien una piedra luego 1150
deshizo, piedra caída
del monte del testamento.
No la adoración divina
tiranices a los cielos,
que yo por verme adorar 1155
de tres jóvenes hebreos,

el horno de Babilonia
encendí, donde su esfuerzo
al fuego se acrisoló
y no se deshizo al fuego.   1160
Sidrach, Misach y Abdenago
son vivos testigos de esto.
Los dioses que adoras son
de humanas materias hechos.
Bronce adoras en Moloch,   1165
oro en Astarot, madero
en Baal, barro en Dagón,
piedra en Baalin y hierro
en Moab, y hallando en mí
el juicio de Dios inmenso,   1170
a mis voces de metal
os rendís las dos, rompiendo
las plumas y las estatuas.

(Sube La Estatua y baja la torre.)

Vanidad   ¡Que me abraso!

Idolatría   ¡Que me hielo!

Vanidad   Ya a los rayos de otro sol   1175
                he desvanecido el vuelo.

Idolatría   Y yo a la luz de otra fe
                mis sombras desaparezco.

(Cúbrense, y dice Baltasar a las dos.)

Baltasar   Oye, espera, escucha, aguarda;
                no, no me niegues tan presto   1180

tal Vanidad, tal ventura.

(Despierta El Pensamiento.)

Pensamiento   ¿De qué das voces? ¿Qué es esto?

Baltasar   ¡Ay, Pensamiento! No sé,
pues, cuando deidad me miento,
pues cuando señor me aclamo   1185
y de mi engaño recuerdo,
sólo tus locuras hallo,
sólo tus locuras veo.

Pensamiento   ¿Pues qué es lo que te ha pasado?

Baltasar   Yo vi en el pálido sueño   1190
donde estaba descansando
todo el aplauso que tengo.
Subía mi Vanidad
a dar con su frente al cielo;
bajaba mi Idolatría   1195
desde su dorado Imperio.
Aquélla, un templo me daba;
ésta, una estatua, y al tiempo
que ésta y aquélla tenía
hecha la estatua y el templo,   1200
una voz de bronce, una
trompeta que ahora tiemblo,
de aquélla abrasó las plumas,
de ésta deshizo el intento,
quedando el templo y la estatua   1205
por despojos de los vientos.
¡Ay de mí! La Vanidad
es la breve flor de almendro;

la Idolatría la rosa
del sol; aquélla, al primero   1210
suspiro se rinde fácil
a las cóleras del cierzo;
ésta, a la ausencia del día
desmaya los rizos crespos.
¡Breve sol y breve rosa   1215
de las injurias del tiempo!

(Sale La Idolatría.)

Idolatría   No ha de vencer mis glorias
una voz, ni un engaño mis victorias;
triunfe la pompa mía
en esta noche de la luz del día,   1220
Baltasar soberano,
príncipe, rey divino más que humano,
mientras que suspendido
diste al sueño la paz de tu sentido;
treguas del pensamiento,   1225
mi amor, a tus aplausos siempre atento
velaba en tus grandezas,
que no saben dormirse las finezas.
Una opulenta cena
de las delicias y regalos llena,   1230
que la gula ha ignorado,
te tiene prevenida mi cuidado,
adonde los sentidos
todos hallen sus platos prevenidos.
En los aparadores   1235
la plata y oro brillan resplandores,
y con ricos despojos
hartan la hidropesía de los ojos.
Perfumes lisonjeros

son aromas de flores, en braseros   1240
de verdes esmeraldas
que Arabia la feliz cría en sus faldas;
para ti solo plato
que el hambre satisface del olfato,
la música acordada,   1245
ni bien cerca de ti ni retirada,
en numeroso acento suspendido,
brindan la sed con que nació el oído.
Los cándidos manteles,
bordados de azucenas y claveles,   1250
a dibujos tan bellos
que hace nuevo valor la nieve en ellos,
son al tacto süave
curiosidad que lisonjearle sabe.
Néctares y ambrosías,   1255
frías bebidas (basta decir frías)
destiladas de rosas y azahares,
te servirán a tiempo entre manjares,
por que con salva y aparato justo
alternen en las copas hoy al gusto,   1260
y por que aquésta sea
en las que más tus triunfos hoy se vea;
los vasos que al gran rey de Israel sagrados
trajo Nabucodonosor robados
de aquella gran Jerusalén, el día   1265
que al Oriente extendió su monarquía,
manda, señor, traellos;
hoy a los dioses brindarás con ellos,
profanando el tesoro
a su templo los ídolos que adoro,   1270
postres sean mis brazos,
fingiendo redes e inventando lazos,
cifrando tus grandezas,

tus pompas, tus trofeos, tus riquezas,
este maná de amor donde hacen plato 1275
olfato, ojos y oídos, gusto y tacto.

Baltasar   En viéndote me olvido
de cuantos pensamientos he tenido,
y despierto a tu luz hermosa, creo
más que lo que imagino lo que veo. 1280
Sólo tu luz podía
divertir la fatal melancolía
que mi pecho ocupaba.

Pensamiento   Eso sí, vive el cielo, que esperaba,
según estás de necio, 1285
que de tal cena habías de hacer desprecio.
Haya fiesta, haya holgura;
deja el llanto esta noche; mi locura
a borrachez se pasa;
pero todo se cae dentro de casa. 1300

Baltasar   Los vasos que sirvieron en el templo,
eterna maravilla sin ejemplo
a sacerdotes de Israel, esclavo,
sírvanme a mí también.

Pensamiento   Tu gusto alabo.

Baltasar   Vayan por ellos.

(Sale La Vanidad.)

Vanidad   Excusado ha sido, 1305
que ya la Vanidad los ha traído.

Idolatría	Sacad las mesas presto a este cenador.
Pensamiento	¿A mí, qué es esto?
Vanidad	¿Pues quién habla contigo? 1310
Pensamiento	¿Quien dice cenador no habla conmigo? Pues si yo he de cenar, señora, es cierto que soy el cenador; y ahora advierto que por mí se haría aquella antigua copla que decía: 1315
(Canta.)	Para mí se hicieron cenas; para mí, que las tengo por buenas; para mí, para mí, que para cenar nací.

(Sacan la mesa con vasos de plata y van sirviendo los platos de comida a su tiempo.)

Baltasar	Sentaos las dos, y luego por los lados 1320 sentaos todos mis deudos y criados; que cena donde están por tales modos vasos del templo, es cena para todos, y las gracias que demos celebrando hoy a los dioses ha de ser cantando. 1325
Música	Esta mesa es este día altar de la Idolatría, de la Vanidad altar, pues adornan sin ejemplo todos los vasos del templo 1330 la cena de Baltasar.

(Sale La Muerte disfrazada, y mientras dicen estos versos están cenando todos.)

Muerte   A la gran cena del rey
          disfrazado ahora vengo,
          pues en esta cena estoy
          escondido y encubierto,   1335
          entre los criados suyos
          que podré encubrirme creo.
          Descuidado a Baltasar
          de mis memorias le veo,
          cercado de sus mujeres   1340
          y los grandes de su reino.
          Los vasos que Salomón
          consagró al Dios verdadero,
          y donde sus sacerdotes
          los sacrificios hicieron,   1345
          sus aparadores cubren.
          ¡Oh juicio de Dios eterno!
          Suelta ya tu mano, suelta
          la mía, porque ya el peso
          de sus pecados cumplió   1350
          con tan grandes sacrilegios.

Baltasar Dadme de beber.

(Toma El Pensamiento los platos y come.)

Pensamiento ·   ¡Hao, hola,
          camarada! ¿No oís aquello?
          Llevad de beber al rey
          mientras que yo estoy comiendo.   1355

(A La Muerte.)

Muerte	Por criado me han tenido;
	servirle la copa quiero,
	pues no podrá conocerme
	quien está olvidado y ciego.
	Este vaso del altar 1360
	la vida contiene, es cierto,
	cuando a la vida le sirve
	de bebida y de alimento;
	mas la Muerte encierra, como
	la vida, que es argumento 1365
	de la Muerte y de la vida,
	y está su licor compuesto
	de néctar y de cicuta,
	de triaca y de veneno.
	Aquí está ya la bebida.
	(Llega a dar la bebida.) 1370
Baltasar	Yo de tu mano la acepto.
	¡Qué hermoso vaso!
Muerte	(Aparte.)
	¡Ay de ti,
	que no sabe lo que hay dentro!
Idolatría	El rey bebe; levantaos 1375
	todos.
Baltasar	Glorias de mi imperio,
	en este vaso del Dios
	de Israel brindo a los nuestros.
	Moloch, dios de los asirios,
	¡viva! 1380

(Bebe despacio.)

Pensamiento   La razón haremos;
                sólo hoy me parecen pocos
                treinta mil dioses, y pienso
                hacer la razón a todos.

Idolatría   Cantad mientras va bebiendo.   1385

Música   Esta mesa es este día
                altar de la Idolatría.
                De la Vanidad altar,
                pues le sirven sin ejemplo
                el cáliz, vaso del templo,   1390
                en que bebe Baltasar.

(Suena un trueno muy grande.)

Baltasar   ¡Qué extraño ruido! ¡Qué asombro
                alborota con estruendo,
                tocando alarma las nubes,
                la campana de los vientos!   1395
Idolatría   Como bebiste, será
                salva que te hacen los cielos
                con su horrible artillería.

Vanidad   De sombra y de horror cubierto
                nos esconden las estrellas.   1400

Muerte   ¡Cuánto las sombras deseo
                como padre de las sombras!

Baltasar   Caliginosos y espesos
                cometas que el aire vano

cruzan, pájaros de fuego,   1405
bramidos da de dolor;
preñada nube gimiendo
parece que está de parto,
y es verdad, pues de su seno
rompió, y un rayo, abrasado   1410
embrión, que tuvo dentro;
y siendo su fruto el rayo,
ha sido el bramido un trueno.

(Da un gran trueno, y con un cohete de pasada sale una mano, que vendrá a
dar adonde habrá en un papel, escritas, estas palabras: Mane, Tecel, Fares.)

¿No veis (¡ay de mí!), no veis
que rasgando, que rompiendo   1415
el aire trémulo, sobre
mi cabeza está pendiendo
de un hilo, que en la pared
toca, y si su forma advierto
una mano es, una mano   1420
que la nube al monstruo horrendo
le va partiendo a pedazos?
    ¿Quién vio, quién rayo compuesto
de arterias? No sé, no sé
lo que escribe con el dedo,   1425
porque en habiendo dejado
tres breves rasgos impresos,
otra vez sube la mano
a juntarse con el cuerpo.
Perdido tengo el color,   1430
erizado está el cabello,
el corazón palpitando
y desmayado el aliento.
Los caracteres escritos

	ni los alcanzo ni entiendo,	1435
	porque hoy es Babel de letras	
	lo que de lenguas un tiempo.	

Vanidad   Un monte de fuego soy.

Idolatría   Y yo una estatua de hielo.

Pensamiento Yo no soy monte ni estatua,   1440
             mas tengo muy lindo miedo.

Baltasar   Idolatría, tú sabes
             de los dioses los secretos.
             ¿Qué dicen aquellas letras?

Idolatría   Ninguna de ellas acierto,   1445
             ni aun el carácter conozco.

Baltasar   Tú, Vanidad, cuyo ingenio
             ciencias comprendió profundas
             en magos y en agoreros,
             ¿qué lees, di, qué lees?

Vanidad   Ninguna   1450
             se da a partido a mi ingenio;
             todas, todas las ignoro.

Baltasar   ¿Qué alcanzas tú, Pensamiento?

Pensamiento A buen sabio lo preguntas.
             Yo soy loco; nada entiendo.   1455

Idolatría   Daniel, un hebreo, que ha sido
             quien interpretó los sueños

del árbol y de la estatua,
lo dirá.

(Sale Daniel.)

Daniel   Pues oíd atentos:
Mane dice que ya Dios   1460
ha numerado tu reino.
Tecel, y que en él cumpliste
el número, y que en el peso
no cabe una culpa más.
Fares, que será tu reino   1465
asolado y poseído
de los persas y los medos.
Así la mano de Dios
tu sentencia con el dedo
escribió, y esta justicia   1470
la remita por derecho
al brazo seglar, que Dios
la hace de ti, porque has hecho
profanidad a los vasos
con baldón y con desprecio,   1475
por que ningún mortal use
mal de los vasos del templo,
que son a la ley de gracia
reservados sacramentos
cuando se borre la Escrita   1480
de las láminas del tiempo.
Y si profanar los vasos
es delito tan inmenso,
oíd, mortales, oíd
que hay vida y hay Muerte en ellos,   1485
pues quien comulga en pecado
profana el vaso del templo.

Baltasar	¿Muerte hay en ellos?

Muerte   Sí, cuando
yo los sirvo, que soberbio
hijo del pecado soy,   1490
a cuyo mortal veneno
que bebiste has de morir.

Baltasar   Yo te creo; yo te creo,
a pesar de mis sentidos,
que torpes y descompuestos   1495
por el oído y la vista,
a tu espanto y a tu estruendo
me están penetrando el alma,
me están traspasando el pecho.
Ampárame, Idolatría,
de este rigor.   1500

Idolatría   Yo no puedo,
porque a la voz temerosa
de aquel futuro misterio
que has profanado en los vasos
hoy en rasgos y bosquejos,   1505
todo el valor he perdido,
postrado todo el aliento.

Baltasar	Socórreme, Vanidad.
Vanidad	Ya soy humildad del cielo.
Baltasar	Pensamiento.

Pensamiento   Tu mayor   1510

contrario es tu Pensamiento,
pues no quisiste creerle
tantos mortales acuerdos.

Baltasar   Daniel.

Daniel   Soy juicio de Dios;
está ya dado el decreto;   1515
está el número cumplido,
Baltasar.

Pensamiento Nulla est redemptio.

Baltasar.   Todos, todos me dejáis
en el peligro postrero.   1520
¿Quién ampararme podrá
de este horror, de este portento?

Muerte   Nadie, que no estás seguro
en el abismo en el centro
de la tierra.

Baltasar   ¡Ay, que me abraso!

(Saca la espada y dale una estocada, y luego se abraza con él como que lucha.)

Muerte   Muere, ingrato.   1525

Baltasar   ¡Ay, que me muero!
¿El veneno no bastaba
que bebí?

Muerte   No, que el veneno

| | la Muerte ha sido del alma, | 1530 |
| | y ésta es la Muerte del cuerpo. | |

Baltasar	Con las ansias de la Muerte,	
	triste, confuso y deshecho,	
	a brazo partido lucho,	
	el cuerpo y alma muriendo.	1535
	Oíd, mortales, oíd,	
	el riguroso proverbio	
	del Mane, Tecel, Farés,	
	del juicio de Dios supremo.	
	Al que los vasos profana	1540
	divinos, postra severo,	
	y el que comulga en pecado	
	profana el vaso del templo.	

(Éntranse luchando los dos.)

Idolatría	De los sueños de mi olvido	
	como dormida despierto,	1545
	y pues a la Idolatría	
	Dios no excepta, según veo,	
	en la sábana bordada	
	de tantos brutos diversos	
	como Cristo mandará,	1550
	que mate y que coma Pedro.	
	¿Quién viera la clara luz	
	de la ley de Gracia, cielos,	
	que ahora es la Ley Escrita?	

(Sale La Muerte de galán, con espada y daga, y el manto lleno de Muertes.)

| Muerte | Bien puedes verla en bosquejo | 1555 |
| | en la piel de Gedeón, | |

en el maná del desierto,
en el panal de la boca
del león, en el cordero
legal, en el pan sagrado
de proposición.   1560

Daniel   Y si esto
no lo descubre, descubra
en profecía este tiempo,
esta mesa transformada
en pan y en vino estupendo,   1565
milagro de Dios, en quien
cifró el mayor sacramento.

(Descúbrese una mesa con pie de altar, y en medio un cáliz y una hostia y
dos velas a los lados.)

Idolatría   Yo, que fui la Idolatría;
que di adoración a necios
ídolos falsos, borrando   1570
hoy el nombre de mí y de ellos,
seré Latría adorando
este inmenso sacramento.
Y pues su fiesta celebra
Madrid, al humilde ingenio   1575
de don Pedro Calderón,
suplid los muchos defectos
y perdonad nuestras faltas
y las suyas, advirtiendo
que nunca alcanzan las obras   1580
donde llegan los deseos.

            Fin

Libros a la carta

A la carta es un servicio especializado para
empresas,
librerías,
bibliotecas,
editoriales
y centros de enseñanza;
y permite confeccionar libros que, por su formato y concepción, sirven a los propósitos más específicos de estas instituciones.

Las empresas nos encargan ediciones personalizadas para marketing editorial o para regalos institucionales. Y los interesados solicitan, a título personal, ediciones antiguas, o no disponibles en el mercado; y las acompañan con notas y comentarios críticos.

Las ediciones tienen como apoyo un libro de estilo con todo tipo de referencias sobre los criterios de tratamiento tipográfico aplicados a nuestros libros que puede ser consultado en Linkgua-ediciones.com.

Linkgua edita por encargo diferentes versiones de una misma obra con distintos tratamientos ortotipográficos (actualizaciones de carácter divulgativo de un clásico, o versiones estrictamente fieles a la edición original de referencia).

Este servicio de ediciones a la carta le permitirá, si usted se dedica a la enseñanza, tener una forma de hacer pública su interpretación de un texto y, sobre una versión digitalizada «base», usted podrá introducir interpretaciones del texto fuente. Es un tópico que los profesores denuncien en clase los desmanes de una edición, o vayan comentando errores de interpretación de un texto y esta es una solución útil a esa necesidad del mundo académico.

Asimismo publicamos de manera sistemática, en un mismo catálogo, tesis doctorales y actas de congresos académicos, que son distribuidas a través de nuestra Web.

El servicio de «libros a la carta» funciona de dos formas.

1. Tenemos un fondo de libros digitalizados que usted puede personalizar en tiradas de al menos cinco ejemplares. Estas personalizaciones pueden ser de todo tipo: añadir notas de clase para uso de un grupo de estudiantes,

introducir logos corporativos para uso con fines de marketing empresarial, etc. etc.

2. Buscamos libros descatalogados de otras editoriales y los reeditamos en tiradas cortas a petición de un cliente.

www.ingramcontent.com/pod-product-compliance
Lightning Source LLC
Chambersburg PA
CBHW020603030426
42337CB00013B/1196